V

MÉTHODE
D'ÉCRITURE,

INSTRUCTION, MODÈLES, TRANSPARENTS,

Par G. BELÈZE,

ÉLÈVE DE L'ANCIENNE ÉCOLE NORMALE,

CHEF D'INSTITUTION A PARIS.

Ouvrage autorisé par l'Université.

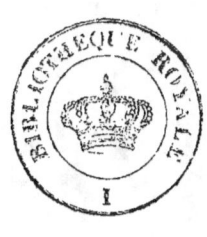

PARIS.
IMPRIMERIE ET LIBRAIRIE CLASSIQUES
DE JULES DELALAIN,
FILS ET SUCCESSEUR D'AUGUSTE DELALAIN,
RUE DES MATHURINS ST-JACQUES, N° 5, PRÈS LA SORBONNE, A PARIS.
1843

Texte et planches dont se compose la Méthode d'Ecriture.

Les modèles et les transparents se vendent séparément.

INSTRUCTION

SUR L'APPLICATION

DE LA MÉTHODE D'ÉCRITURE.

L'art de la Calligraphie [1] n'est plus comme autrefois le partage exclusif d'un petit nombre de personnes qui en faisaient une étude spéciale. Chacun comprend et apprécie aujourd'hui l'utilité d'acquérir le plus tôt possible une bonne écriture. Combien d'hommes dans la carrière administrative n'ont pas eu de plus puissante protection que leur écriture élégante ou correcte ; combien d'autres au contraire ont eu le regret de rencontrer toujours devant eux, comme un obstacle insurmontable, leur écriture disgracieuse, illisible, véritable chaos de lettres informes sur lesquelles les yeux et l'esprit s'arrêtent également fatigués. Il est vrai que jusqu'à ce jour les éléments de la Calligraphie ont été présentés aux enfants sous les formes les plus arides et les plus confuses. Aussi, en publiant cette nouvelle méthode d'écriture, notre but est surtout d'apporter quelques améliorations à l'enseignement de l'écriture dans nos écoles, et de rendre cet enseignement plus facile pour les maîtres et les élèves.

Les leçons d'écriture, telles qu'elles sont encore aujourd'hui généralement données, consistent à faire copier aux enfants des mots isolés, sans suite et sans intérêt ; il n'y a rien là qui puisse exciter et soutenir leur attention. Aussi finissent-ils bientôt par écrire de souvenir ces mots qu'ils ne regardent même plus. Une leçon d'écriture ne serait-elle pas autrement profitable, si les élèves avaient à copier des modèles qui renfermeraient des sujets intéressants, et si les maîtres avaient le soin de renouveler souvent ces modèles?

En outre, la plupart des modèles qu'on donne à copier dans les classes, offrent plusieurs genres d'écriture, souvent accompagnés

---

1. Le mot *calligraphie* est formé de deux mots grecs qui signifient *belle écriture.*

d'ornements bizarres, prétentieux, insignifiants ; ce qui augmente les difficultés, sans aucun profit. Il ne nous paraît pas absolument nécessaire qu'on enseigne aux enfants les principes de la *Coulée*, de la *Ronde*, de la *Gothique* ; qu'ils soient mis à même d'acquérir en peu de temps une bonne écriture, bien nette, bien lisible, une écriture uniforme, cela vaudra mieux. Toutes ces variations de formes que subissent les lettres dans toutes les méthodes d'écriture, ne permettent pas de distinguer le type invariable d'une écriture belle et simple.

On a presque partout l'habitude de régler au crayon le papier sur lequel doit écrire l'enfant. Si, dans les écoles, les élèves sont chargés de ce soin, c'est une petite perte de temps pour chacun d'eux, sans compter l'obligation où il se trouve d'avoir toujours à sa disposition règle et crayon. Mais c'est une grande perte de temps pour le maître, s'il est obligé de régler toutes les feuilles. D'ailleurs, on n'obtient jamais ainsi une grande régularité, les lignes sont inégales, et l'écriture dans la page, et souvent dans la même ligne, offre diverses grosseurs. Des transparents, dont nous ferons connaître tout à l'heure l'emploi et l'utilité, remplacent avantageusement les règles et les crayons.

Tels sont en peu de mots les reproches que mérite, suivant nous, le mode d'enseignement suivi jusqu'à ce jour pour les leçons d'écriture. Voilà ce qui nous a engagé à introduire quelques modifications dans cette partie importante de l'enseignement. A cet effet, nous avons publié pour les maîtres aussi bien que pour les élèves cette instruction, accompagnée des divers genres de modèles et des transparents applicables à notre méthode, qui a reçu la sanction de l'Université. Nous allons donner l'explication des planches dont se compose notre méthode et cette explication fera connaître aux instituteurs et aux élèves les améliorations qui nous ont paru nécessaires après une expérience de plusieurs années faite avec soin dans notre institution.

Explication des planches de la Méthode.

Pour l'application de notre méthode, il est nécessaire de mettre entre les mains des élèves les quatre planches et les deux transparents dont nous allons donner l'explication.

5

Planche 1. *Modèles d'exercices gradués.* Cette planche présente d'un côté un modèle d'exercices gradués et numérotés, destinés surtout aux commençants, utiles aussi pour les élèves qui, sachant déjà écrire des mots suivis, doivent cependant revenir souvent sur les principes. Mais, afin de rendre ces exercices encore plus faciles et plus profitables pour les jeunes élèves qui débutent, le maître pourrait préparer pour l'usage de la classe une série de modèles, dont l'un serait entièrement composé du premier exercice, l'autre du second exercice, ainsi de suite. Ces modèles seraient offerts successivement à l'imitation des enfants qui arriveraient par degrés à l'alphabet complet en passant du simple au composé, du facile au plus difficile. Ainsi notre méthode, comme on le voit, prend l'élève dès son début. Les commençants peuvent faire ces exercices, d'après l'usage suivi dans les classes, soit sur l'ardoise, soit sur le papier, en se servant alors, au lieu d'une plume, d'un crayon, dont la grosseur rappellerait celle d'un manche de plume métallique.

Sur l'autre côté de la même planche sont écrits quatre alphabets, deux en fin, deux en moyen; de ces deux alphabets, l'un est en lettres majuscules, l'autre en lettres minuscules. Les élèves doivent toujours commencer leur leçon d'écriture, en tête de la feuille, par la reproduction exacte de deux de ces alphabets, suivant qu'ils écrivent en fin ou en moyen. Cet exercice, répété tous les jours, donne de la souplesse à la main, c'est la gymnastique de l'écriture. Ainsi, chaque élève doit avoir devant lui un exemplaire de ce modèle et le consulter pendant la leçon, quand il est embarrassé sur la forme de telle ou telle lettre. A cet effet, nous avons établi depuis longtemps dans notre institution, au-dessus de chacune des tables, des porte-modèles consistant en des ficelles tendues sur lesquelles sont placés les modèles ci-joints, chaque élève ayant le sien devant lui.

Planches 2, 3 et 4. *Modèles en gros, en moyen et en fin.* En présentant aux instituteurs ces trois modèles, nous avons voulu d'abord leur montrer le genre d'écriture que nous avons cru devoir adopter préférablement à tous les autres. C'est une écriture anglaise cursive, simple, nette, gracieuse quoique dépourvue d'ornements;

elle donne à la main une seule direction , ne lui imprime qu'un mou-
vement uniforme , n'oblige pas à tourner la plume pour obtenir des
liaisons, ni à en changer pour produire diverses grosseurs de carac-
tère. Nous avons voulu de plus donner aux élèves des modèles-types
qu'ils devront avoir toujours devant eux comme un guide sûr et
fidèle. Puis les instituteurs pourront préparer des modèles dans le
même genre pour introduire de la variété dans leur enseignement.

Planches 4 et 5. *Transparents en fin , en moyen et en gros.* Ces transparents, placés au-dessous de la feuille sur laquelle doit écrire l'élève,
lui indiquent clairement et sûrement la pente et la grosseur de l'écriture , la distance qu'il faut laisser entre chaque mot , la longueur ou la
hauteur des boucles. En un mot, à l'aide de ce guide fidèle, l'écriture
est soumise à des règles invariables qui repoussent toute forme , toute
distance, toute dimension arbitraires. Nous ne parlons pas du temps
économisé , soit pour les maîtres, soit pour les élèves, et c'est là
cependant un avantage dont il faut tenir compte. Le transparent en fin
sert également pour l'écriture en gros ; il faut écrire alors entre les
deux lignes noires. On a eu le soin de graver une lettre , soit majus-
cule , soit minuscule , au commencement de chaque ligne du transparent en fin , afin d'indiquer aux élèves comment ils doivent s'en servir.

De la position du corps et de la tenue de la plume.

Nous donnerons aux élèves quelques courts préceptes sur la position du corps et sur la tenue de la plume.

Le corps doit être droit , le côté gauche étant un peu plus avancé
que le côté droit vers la table sur laquelle écrit l'élève. La jambe
gauche doit être également placée un peu plus en avant que la jambe
droite. Il ne faut point courber la tête sur le papier ni appuyer la
poitrine contre la table. Le bras droit doit presque toucher le corps.

La plume sera tenue avec les trois premiers doigts, c'est-à-dire le
pouce, l'index et le doigt du milieu , les deux autres s'appuyant sur
le papier. Le haut de la plume doit toujours être placé vis-à-vis de
l'épaule : la plume portera toujours d'aplomb sur les deux becs, c'est
la seule manière d'obtenir des pleins convenables.

Du genre des modèles d'Écriture.

Nous avons dit que les instituteurs pourraient, s'ils le jugeaient utile, varier les modèles destinés aux leçons d'écriture. Nous leur donnerons quelques conseils sur le choix des sujets qui doivent entrer dans la composition des modèles, soit en gros, soit en moyen, soit en fin. L'Ancien et le Nouveau Testament leur offriront les plus beaux préceptes de morale, d'admirables récits : ils emprunteront à l'Histoire Naturelle les merveilles des trois règnes; à l'Histoire, les actions des grands hommes, les grands événements; à la Géographie, les mœurs, les coutumes des peuples, la description des contrées, des villes, des monuments, les voyages, les découvertes les plus célèbres; aux industries, aux arts utiles, aux arts d'agrément, tout ce qu'ils ont d'intéressant [1].

Voici maintenant les meilleurs moyens de transmettre aux élèves les sujets dont les instituteurs auront fait choix pour les leçons d'écriture. Il y en a deux qui nous paraissent également faciles à mettre en pratique.

L'un de ces moyens consiste pour le maître à transcrire sur un tableau noir le sujet dont il aura fait choix ; le tableau sera placé de manière qu'il puisse être lu facilement par tous les élèves chargés de le copier. Pour écrire sur le tableau noir il faut se servir d'un morceau de craie taillé comme un crayon à dessin, et l'expérience nous a appris que non-seulement un maître, mais un élève parvient en peu de temps à écrire d'une manière tout à la fois correcte et élégante. La grosseur des lettres tracées sur le tableau, soit pour le moyen, soit pour le fin, doit être proportionnée au nombre des élèves qui copient le même tableau, et par conséquent à la distance des derniers bancs. Le tableau doit être réglé, afin que l'écriture soit très-régulière et que les lignes soient convenablement espacées. Il est aussi nécessaire, ou du moins utile, que dans les tableaux l'écriture soit disposée de manière que les élèves puissent transporter le modèle sur le papier ligne pour ligne. Chaque ligne doit avoir de 44 à 48 lettres pour l'écriture en fin, de 22 à 24 pour l'écriture

---

1. Notre Premier Livre de Lecture et notre Livre de Lecture Courante, offriront aux Instituteurs des sujets nombreux et variés pour des modèles d'écriture.

en moyen , de 11 à 12 pour l'écriture en gros. Nous supposons qu'on se sert du papier vulgairement appelé papier écolier, plié en deux.

Le maître n'a plus alors qu'à exercer une surveillance générale ; tous les élèves, occupés simultanément à la même chose, doivent arriver en même temps à la fin de chaque ligne, en même temps à la fin de chaque page, en même temps à la fin du modèle. L'ordre et la régularité président constamment à une leçon ainsi donnée. En un mot, c'est l'enseignement simultané substitué à l'enseignement individuel. N'oublions pas que chaque élève doit avoir devant lui, pendant toute la leçon, un exemple du modèle d'alphabets pour le consulter au besoin, et de plus, le modèle du genre d'écriture, qui fait l'objet de la leçon.

Passons au second moyen. Dans les écoles qui ne sont pas disposées de manière qu'un tableau de dimension convenable puisse y être placé (ce qui nous paraît devoir être un cas exceptionnel), il faudrait employer un autre mode de transmission. Le maître copierait le sujet de la leçon d'écriture sur des modèles semblables pour la forme à ceux que nous publions. Mais s'il voulait donner le même jour le même sujet à tous les élèves, et que la classe fût nombreuse, ce serait pour lui un long et fastidieux travail que de reproduire un grand nombre de fois le même modèle ; car il faut au moins un modèle pour deux élèves. Ainsi, aux instituteurs qui seraient obligés d'adopter ce mode de transmission, nous donnerions le conseil de préparer d'avance un certain nombre de modèles divers, et de donner à chaque élève, ou du moins à chaque groupe de deux élèves, un sujet différent à copier. Seulement il faudrait changer souvent les modèles de place, afin que le même élève n'eût point plusieurs fois de suite le même modèle. Il y aurait ainsi autant de variété que par le premier mode, mais moins d'unité. Quant aux résultats, ils seraient les mêmes ; de l'une ou de l'autre façon, les élèves acquerront sûrement une écriture élégante et une instruction variée.

FIN.

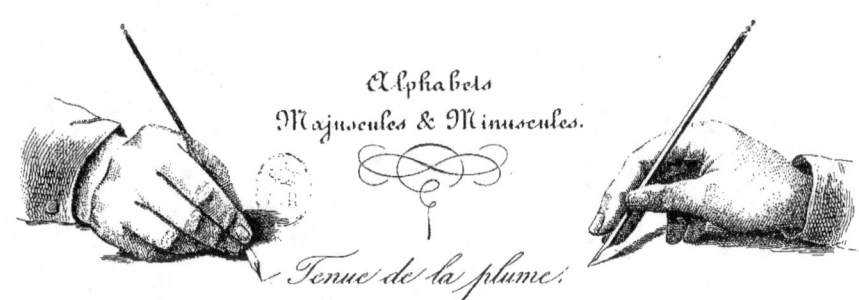

Alphabets
Majuscules & Minuscules.

Tenue de la plume.

$A\ B\ C\ D\ E\ F\ G\ H\ I\ J\ K\ L\ M\ N$

$O\ P\ 2\ R\ S\ T\ U\ V\ W\ X\ Y\ Z\ \&.$

abcdefghijklmnopqrstuvwxyz.

$A\ B\ C\ D\ E\ F\ G\ H\ I\ J$

$K\ L\ M\ N\ O\ P\ 2\ R$

$S\ T\ U\ V\ W\ X\ Y\ Z.$

abcdefghijklmnopqrstuvwxyz.

1. 2. 3. 4. 5. 6. 7. 8. 9. 0.

Jules Delalain, Editeur. Rue des Mathurins St. Jacques, N° 5, a Paris.

Méthode d'Écriture par G. Belexe.
(Autorisée par l'Université.)

Modèle d'Exercices gradués.
(Planche 1.)

//////// ,

1

uuuuuu,

2

uuuuu,

3

mmmm,

4

mmm,

5

nnnn,

6

tttttt,

7

pppp,

8

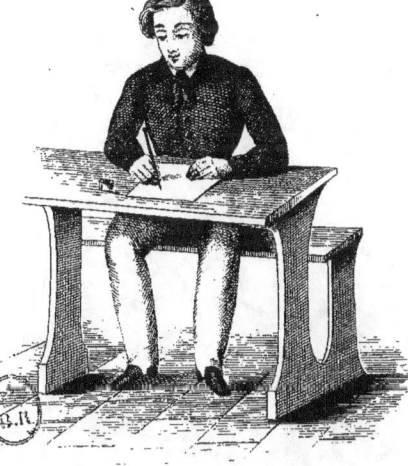

Position du Corps.

cccc, eeee, oooo, aaaa, dddd,

9   10   11   12   13

gggg, llll, bbbb, hhhh, jjjj,

14   15   16   17   18

ffff, gggg, yyyy, ssss, vvvv,

19   20   21   22   23

rrrr, kkkk, xxxx, zzzz.

24   25   26   27

Méthode d'Écriture par G. Belœux.
(Autorisée par l'Université.)

Modèle d'Écriture au Trait.
(Planche 11.)

Vous aimerez toute votre âme.

le Seigneur Vous aimerez le

ne Dieu de tout Prochain com

votre cœur de me vous même.

Jules Belair, Éditeur, Rue des Mathurins St Jacques, N°5, à Paris.

Méthode d'Écriture par G. Belèze.
(Autorisée par l'Université.)

Modèle d'Écriture en Moyen
(Planche III.)

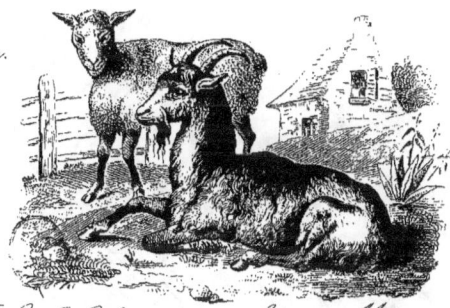

La Chèvre et le Mouton.

La chèvre rend à l'homme

de nombreux services: son lait

est salutaire ; on fait des

étoffes avec son poil, des

chaussures avec sa peau. Sa

nourriture ne coûte presque

rien: elle aime les collines escarpées où elle broute les herbes incultes. Le mouton est aussi un animal très uti-le: il nous donne le suif pour les chandelles et la laine pour le drap; sa chair est très nourrissante. 1234567890.

Jules Delalain, Éditeur, Rue des Mathurins St Jacques, Nº b, à Paris.

Méthode d'Écriture par G.Belèze.
(Autorisée par l'Université.)

Modèle d'Écriture en 6
(Planche IV.)

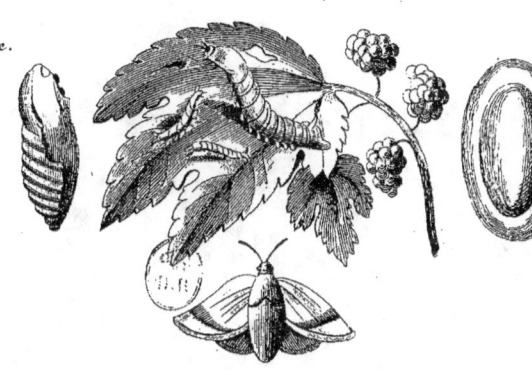

Le Ver à Soie.

C'est une espèce de chenille nommée ver à soie qui four=
nit à tous les peuples les fils précieux employés à la
confection des étoffes de soie. Cet insecte, avant d'éclore,
est renfermé dans un petit œuf semblable à une petite
graine noire. Aussitôt qu'il est sorti de l'œuf, il cherche
de la nourriture, et on lui donne des feuilles de mûrier.
Sa vie tout entière dure cinquante jours. Lorsqu'il a
pris tout son accroissement et qu'il est prêt à donner la
soie, son corps devient luisant et comme transparent; il
ne mange plus. On dispose alors de petites branches

de genêt ou de bruyères, sur lesquelles il monte et choisit
sa place; bientôt il commence à filer son cocon, c'est à
dire une coque ovale, formée d'un fil fin et gommeux
qui sort continuellement de sa bouche et dans laquelle il
se renferme comme dans un petit tombeau. Quand cet
ouvrage est terminé, le ver subit une métamorphose, il
devient chrysalide; il reste alors immobile dans le cocon
et ressemble à une fève grisâtre. Au bout de quelques jours
on voit le cocon se percer peu à peu, et il en sort un papillon aux ailes blanches. Ce papillon ne vole pas; il servira
à fournir des œufs pour l'année suivante. — Lorsqu'on a
débarrassé le cocon de la bourre ou filoselle qui l'enveloppe,
on en dévide le fil; ce fil, mince et délicat, constitue la soie
proprement dite et peut avoir cinq ou six cents mètres
de longueur.   1.2.3.4.5.6.7.8.9.0.

abcdefghijklmnopqrstuvxyz.

Jules Delalain, Éditeur, Rue des Mathurins St Jacques, Nº 5, à Paris.

Transparent en Fin et en Gros.

Méthode d'Écriture par G. Belèze.
(Autorisée par l'Université.)

Planche V.

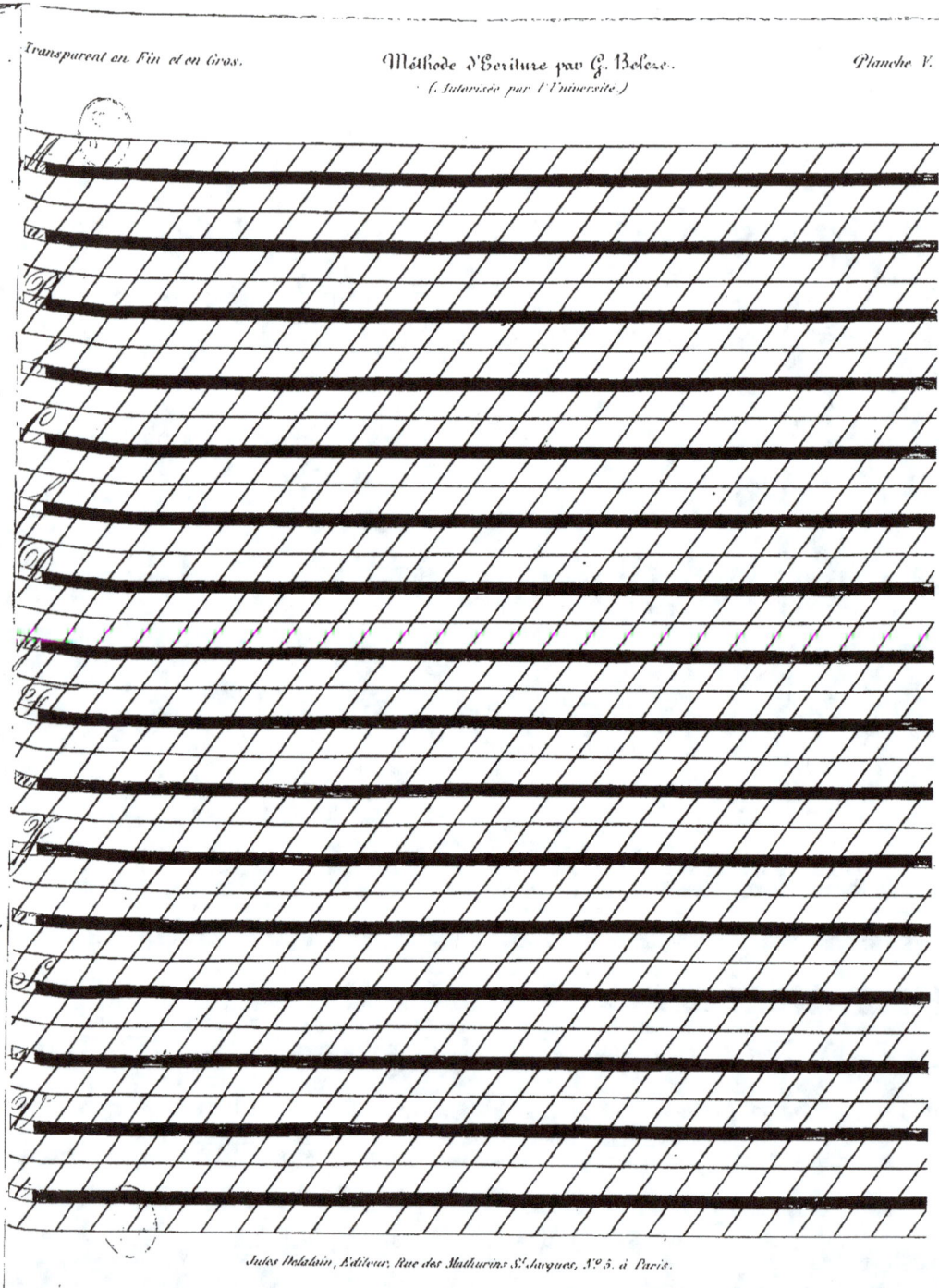

Jules Delalain, Éditeur, Rue des Mathurins St. Jacques, No. 5, à Paris.

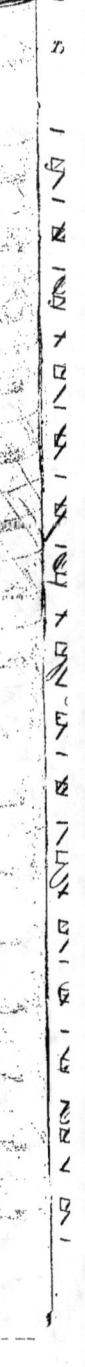

Méthode d'Écriture par G. Belèze.
(*Autorisée par l'Université.*)

Jules Delalain, Éditeur, Rue des Mathurins St. Jacques, N.º à Paris.

Tran

Méthode d'Écriture par G. Belèze.
(Autorisée par l'Université.)

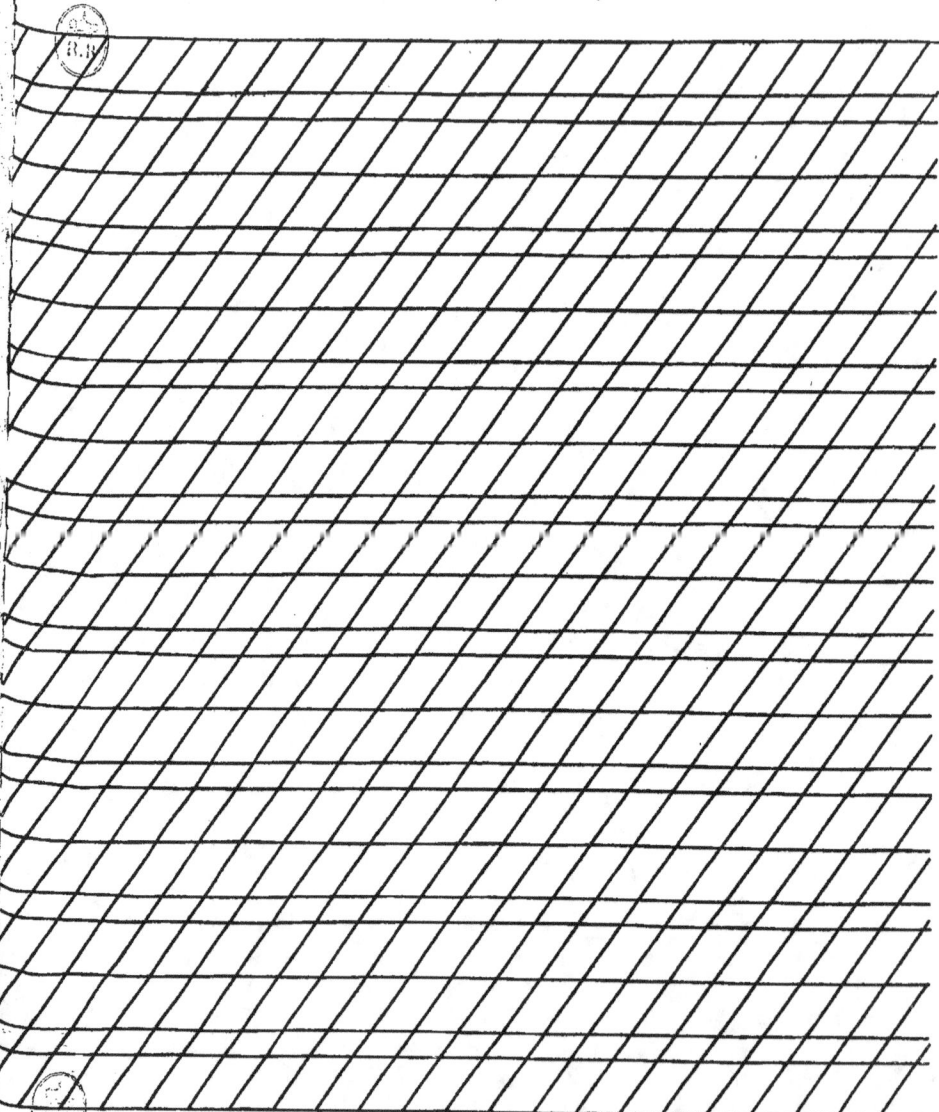

Jules Delalain, Éditeur, Rue des Mathurins St Jacques, N°5, à Paris.

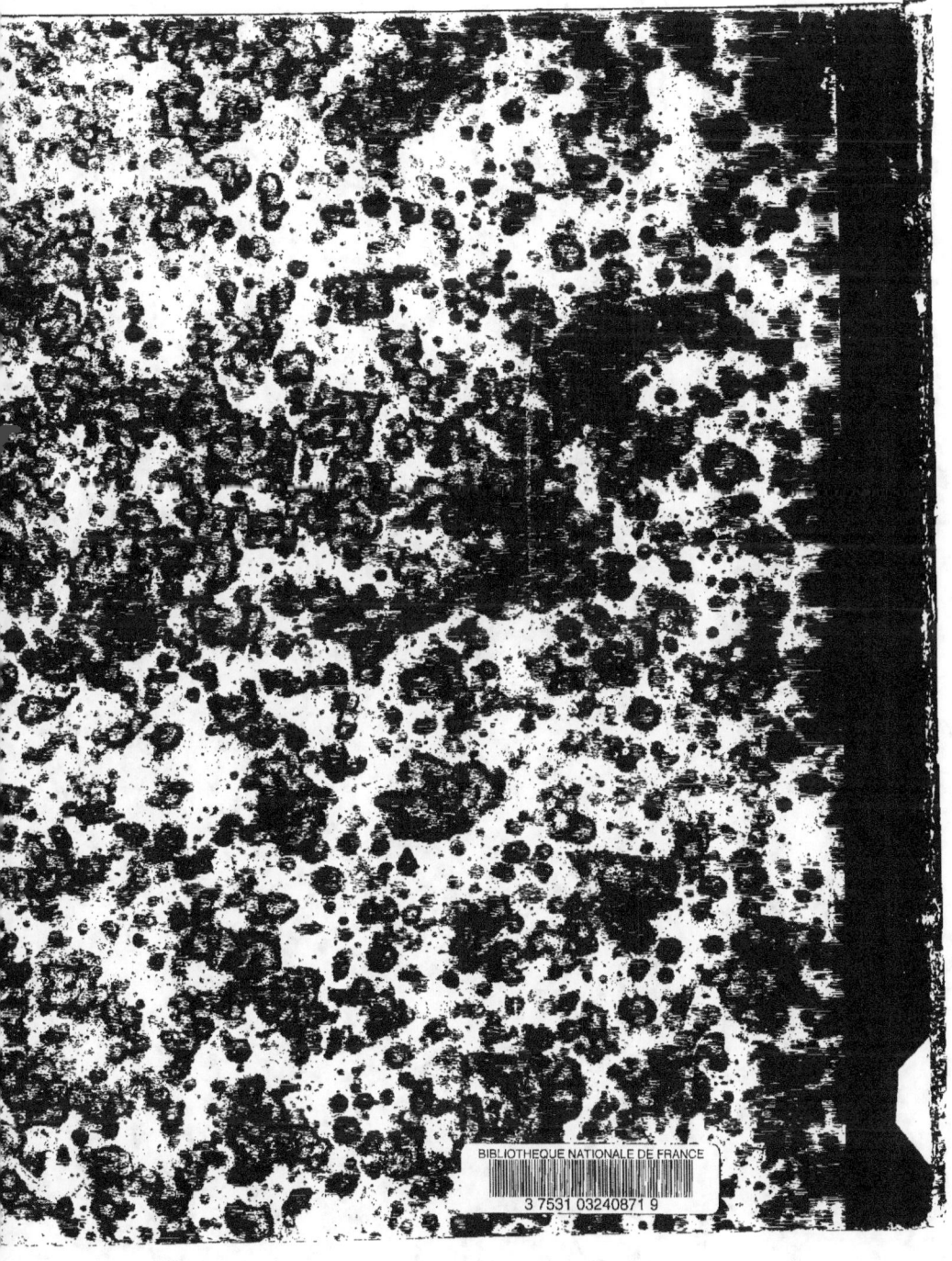

www.ingramcontent.com/pod-product-compliance
Lightning Source LLC
Chambersburg PA
CBHW030117230526
45469CB00005B/1685